推薦序 陶傑

1965年的香港是甚麼面貌？在香港小說家劉以鬯筆下的灣仔街道、光藝電影公司謝賢江雪拍拖散步的青山灣，還是政府檔案裡的歷史圖片？

1965年，捷克還是東歐共產國家的一員。一個捷克畫家，因一個機緣巧合的際遇來到香港，用他的畫筆，記錄了他眼中的香港。

這個殖民地與資本主義世界，顯然與當年捷克國內的政治環境和教育宣傳不一樣。這位畫家的故鄉，3年之後就爆發了「布拉格之春」，人民湧到街頭與侵入的蘇聯坦克直接對抗。捷克在歐洲，有本身豐富的文化。布拉格歌劇院就是莫扎特上演《唐璜》（*Don Gi-ovanni*）的地方。一個當時共產主義國家的捷克藝術家，眼中發現的香港，色彩、線條、人物、主題，無不閃爍著另類的奇趣。

這冊捷克畫家的1960年代初香港實錄，與荷李活電影《生死戀》（*Love is a Many-Splendored Thing*）之類的畫面不同，但一樣有西洋角度對遠東的幻想和感覺。

圖畫只是一堆符號，但符號的選擇和記錄，卻有一顆主觀而敏感的心靈。

1965年的香港已經逝去，連同1997的大限。但1965年的另一個香港，卻在這本畫冊中復活。書中的場景，都是香港人上一代曾一一經歷、體驗、感覺的。

當香港又一次處於波濤洶湧的歷史十字街頭，每一個香港人在心情凝重地踏出下一步之前，若還肯駐足回顧，這本畫冊裡，都記錄了三代人的曾經，如果你是香港人，凡有心的，都會撫思再三，都會捨不得。

This is Hong kong 從前,有個香港

繁體中文版

Oops! 097

繪　著	Miroslav Šašek
譯　者	黃愛華
總編輯	張鼎源
出版經理	陶培康
責任編輯	何杏園　黃燕琪
版權洽談	李翠婷
美術總監	黎嘉英
美術設計	陳玨言
鳴　謝	Chris Lin　廖本勤

出　版	CUP MAGAZINE PUBLISHING LIMITED
地　址	香港觀塘巧明街6號德士活中心4樓401-404室
電　話	3575 8900
傳　真	3575 8950
電　郵	editor@cup.com.hk
Facebook	CUP媒體

印　刷	利高印刷有限公司 新界葵涌大連排道192-200號偉倫中心二期11樓
香港發行	城邦（香港）出版集團有限公司
出版日期	2021年3月初版四刷
ISBN	978-988-79699-4-5

定　價	港幣 200　台幣 880
建議分類	(1)香港　(2)繪本　(3)歷史

M. Šašek

香港 HONG KONG

CUP

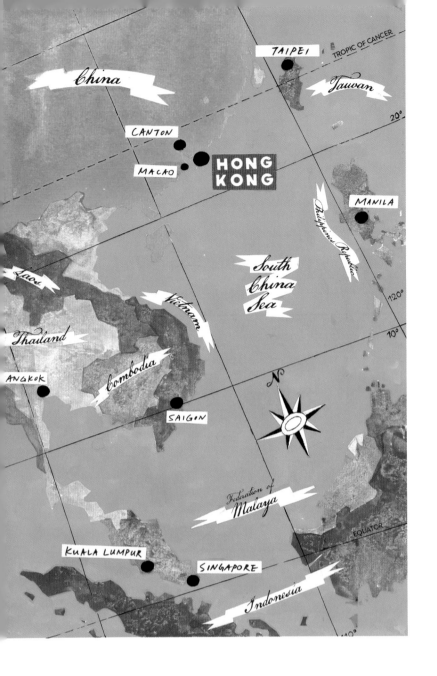

在中國大陸之南岸，南中國海北回歸線下方70海里處，就是香港。她是一片面積1,106平方公里的英國殖民地。[1]九龍和新界佔最大面積，其餘236個島嶼大部分渺無人煙，無人聚居。至於香港島——僅78平方公里——是首府維多利亞城的所在地，亦是香港的心臟地帶，它與對岸的九龍相望，中國將這兩個區域都永久割讓予英國皇室。而與中國邊境接壤的新界，還有香港最大的島嶼大嶼山，則由中國於1898年租借給英國，至1997年為限。

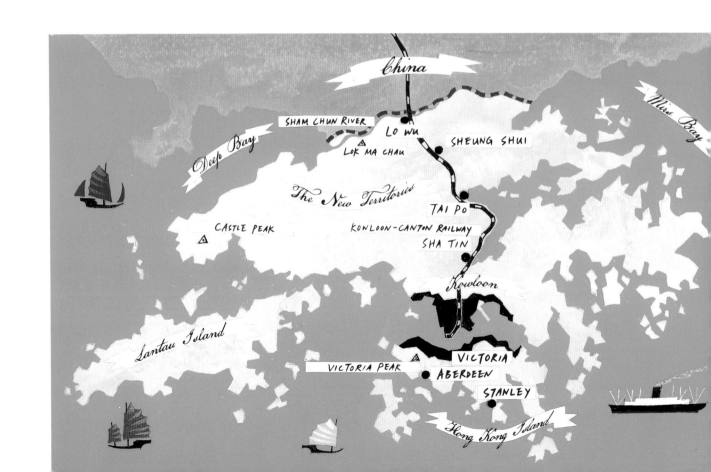

跳上車程8分鐘的山頂纜車，平面的香港地圖立刻化為嘆為
觀止的美麗實景。

往下方看吧（見後頁），那正是維多利亞城；而對
頭隔著維多利亞港，背靠山脊的正是九龍半島。
在那山脊後方，就是新界區，遠遠從那一直伸延
約32公里，就是中國邊境。

9

每一天,渡海小輪載著成千上萬
乘客與車輛來往九龍和維多利
亞城。單是天星小輪每天載客
量就達到100,000人次。[2]

只需花費1毫子港幣，即2美仙，你就可坐上
這渡海小輪，與它一同欣賞這無價美景。[3]

每年約有24,000艘各式各類的船舶停靠在維多利亞港。[4]

從前，來訪海港的還有鴉片商販、海盜和颱風。
時至今天，依舊來訪的就只剩下颱風了。

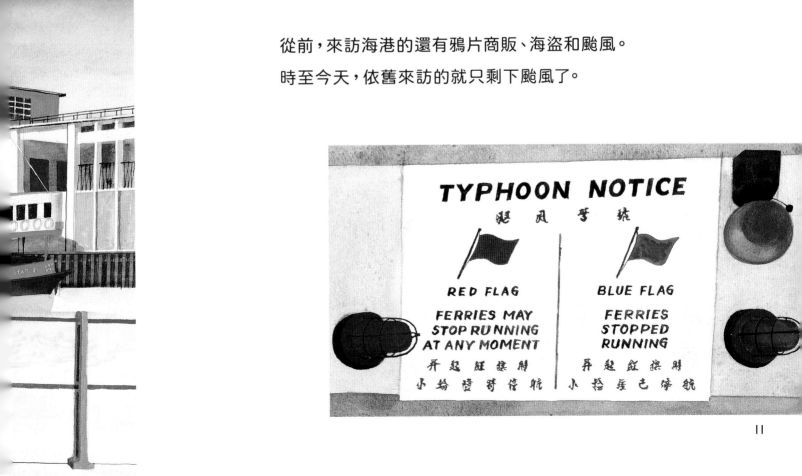

當然還有成千上萬的旅客。

他們覺得香港的服務業極為優秀。

在這裡，
相機鏡頭總能找到無窮無盡的主題，

更多的，可以在14至60頁找到。

穿著旗袍的香港女性，
吸引著眾人的目光。

13

在香港，
現代的西方文明與古老的中國文化水乳交融。

維多利亞城的中心地帶。

寬敞的大會堂。大型酒店。

在大銀行裡頭，計算機以閃電般的速度計算著龐大的收入利潤。

在店舖裡頭，傳統算盤加上華人的頭腦，
亦正以不遑多讓的速度計算著小店的利潤。

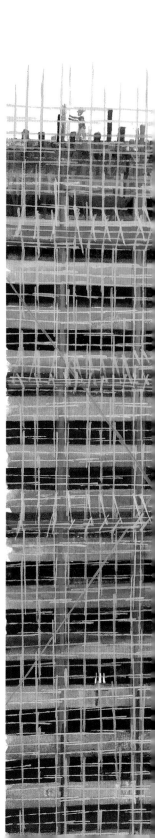

位於商業區中心的畢打街。

傳統的竹搭棚架後方，
摩登的混凝土與鋼筋建築熱鬧地湧現。

家家戶戶的窗前撐著條條竹竿，
同樣熱鬧地紛紛懸掛著的確涼布料、棉布和絲綢。[5]

用擔挑擔起的絲綢與錦緞。

用擔挑擔起的鹹魚和魷魚乾。

沒有竹製的擔挑,小販與勞動者就無法繼續經營他們的生意。[6]

用擔挑擔起的炒栗子。

這不是擔挑。
這是竹蔗，吃著跟糖果一樣甜。

建在樓房林立的市區的啟德國際機場，
一條延伸至九龍灣的跑道。[7]

飛機的速度──

電車的速度──

德輔道中

人的速度──

在這座城市裡共有
818輛人力車。[8]

女人的速度——

每年約有100,000名
新生嬰兒誕生於此。[9]

慢下來！

這警員的號碼肩章以紅色襯底，
代表他是一名能說英語的警察。[10]

以典雅的石階聞名的
砵典乍街。

香港擁有3,700,000人口，當中99%是華人。
他們日常溝通語言主要是廣東話。[11]

這裡有19份中文日報與10份中文晚報。
還有3份英文日報。[12]

數以萬計來自中國內地的難民，湧入缺少土地亦缺乏水資源的香港，為的是尋求工作機會與生活保障。

最初他們大部分都住進山邊的寮屋裡，或是城市裡的天台屋內。

其後，香港政府推行世界上最大型的安置計劃，
為50多萬人提供居所，月租平均為14元港幣（約2.5美元）。[13]

超過100,000個香港人住在船上，是為「水上人家」。
他們主要是蛋家人與鶴佬人。
據說，有些水上人這輩子從未踏足過陸地。

香港擁有全英聯邦[14]最多的
漁船：10,000艘。[15]
其中大部分是遠洋船舶。

這裡的漁船大小不一，大部分使用柴油引擎，亦有
舢舨，用於載客或運載小型貨物，也有作為居所，
喜歡的話還可在上面增添養雞場。

海中生活的被帶到岸上曬乾——

地上生活的到海上尋找生計。

青山腳下的海鮮舫。[16]

香港仔約有30,000名水上人家，是全港聚居了最多水上人的地區。

他們有屬於自己的水上商店、水上學校，甚至是水上診所。[17]

而旅客則可到訪這裡最著名的兩家海鮮舫。[18]

香港的美食國際知名，菜系種類亦多姿多采——歐式、美式、以至遠東各類形形色色。

沒有米飯算不上是中式料理，

正如沒有筷子無法真正品嚐中式美食。

其中一道最著名的菜式是北京塡鴨，
沾上滿滿蜜汁，飄著香氣閃閃於街頭。

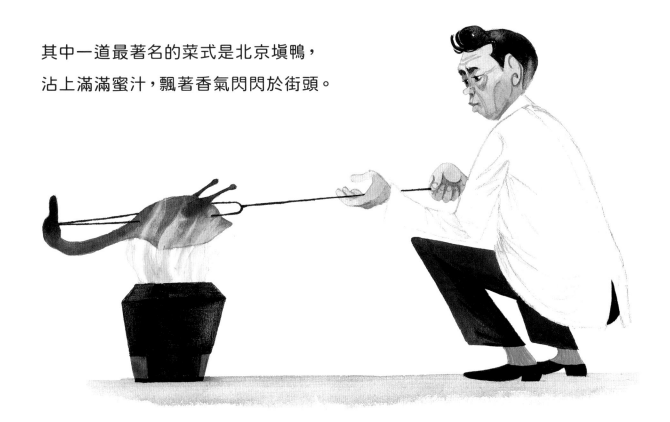

隨便一家路邊大排檔，
正是最典型的食肆。

菜販為新鮮的蔬菜撐上一把把遮陽傘，抵擋猛烈陽光以保持新鮮。

華人烹調之道，就是要菜餚最終仍能以鮮嫩翠綠的姿態展現於餐桌上。

這位媽姐正在買芒果來做甜點。「媽姐」是家庭幫傭的廣東式稱呼。

皮蛋是另一道中式美食。皮蛋在西方又稱「千年蛋」，醃製皮蛋自然無須用上千年，它們美味可口。

這男人正好放了一排在最上方。

這店舖賣的都是乾貨。大大小小的鹹魚、鹹蛋黃、臘鴨，還有懸在紅綠繩子上的臘腸。紅色的神位，香爐裡安插著三炷香，祈求店舖生意更為興旺。

佛教、儒家、道教——東方三大古老的宗教深深影響著中國文化。
10%的香港人口則信奉基督教。[19]

新界沙田萬佛寺

大部分華人家庭都會在家中貼上灶君畫像。春節來臨前一星期，
灶君會短暫「回老家探親」——回到天庭向玉皇大帝稟奏祂所
守護的那家庭之事，報告其功過，並於農曆新年之際（每年最
重要的中國傳統節日）趕回凡間。[20]

KUNG HEI FAT CHOY！恭喜發財！新春行大運！

炮仗、紅繩結；爆竹、春節；紙炮，聲聲巨響來驅走惡運——

鮮花處處——

桃花綻放帶來好運——

利是在孩子手上——

新衣裳則人人穿上——

利是在孩子手上——

還有難得的數天假期一家人同聚。

在這喜慶節日，香港人也跟著遊客往虎豹別墅和萬金油花園
湊熱鬧。遠遠就看到白色虎塔。

這是從維多利亞公園看過去的景色。

萬金油花園就像東方迪士尼樂園，[21]
內裡的雕像訴說的卻是古老中國
神話和歷史故事。看看花園的名字，
就知道它是由中藥油商人斥資興建，
他將花園慷慨開放予香港普羅大眾，
不分貧富哪管老幼都能夠來臨此地
參觀細味。[22]

曾幾何時，只為了要看這念念不忘之景，遊客要先趕上從倫敦維多利亞站開出的火車，再用兩周時間穿越歐洲大陸、俄羅斯，從中國北方到廣東再轉經羅湖，最後終於來到九龍了，你可能坐上的是這班下午5點28分準時抵達的火車。

深圳河邊的羅湖是進入中國前，最後一個在香港境內的九廣鐵路車站。[23]這條橋是香港與中國兩地的交匯點。[24]每年約有600,000華人進出來往此橋，探望或與居港的親人團聚。[25]

要一窺中國之貌，旅客可以來到這地。放眼過去是落馬洲的稻田與漁塘，[26]
遠遠眺望上空——地平線上佇立著的山巒就是中國大陸。

新界的土地不肥沃也不廣闊，但哪管在山脊在溪谷或在龜裂的花崗岩
上頭，這裡的農民總有方法盡用每分每寸土地，默默耕耘。[27]

新界的農民主要分成兩大族群：

廣東人——

客家人——

看看他們的帽子就能分辨。[28]

水牛——就是新界的拖拉機。

村民家門口的揮春對聯。

稍稍離開分明的路，往草叢處走進去，富人與窮人的墓碑都佇立在這裡，陶甕放著先人的骸骨。每逢清明節，家家戶戶都會去掃墓，拜祭祖先。

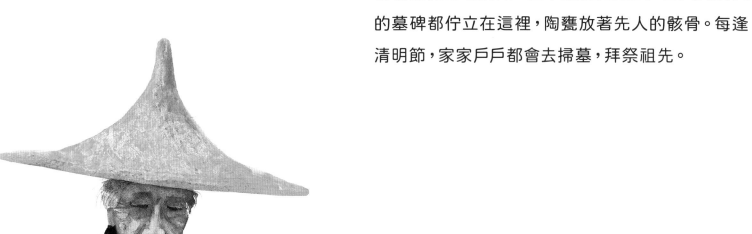

新界吐露港的景色。

沿著大埔海岸走，在極現代化的工廠大廈裡頭，
旅客可欣賞到古老的中國藝術──地毯製作。[29]

書法，亦是其中一種中國最古老的藝術。

漢字用圖像說故事。每項事物都有其相應的漢字，如果沒有，
就由多字組合成詞語表達意義。
世上有成千上萬的漢字。

難怪這些學生看上去眉頭深鎖。

皇后大道東

書法之難，開闢了寫揮春、
寫信等市民秘書行業的商機。[30]

一個男人，正獨自經營著他的
雕鏤木製招牌生意。

這手製的店舖招牌上從右到左寫道：「德壽殯儀」。

不過對旅客來說，更吸引更誘人的大抵是這招牌上所寫的字。在此處他們可以用低價買入鉑金、黃金、白銀、鑽石、珍珠、藍寶石、紅寶石、綠寶石、翡翠，還有天堂之石——玉石。要是有人不想掏出錢包就得到這些珍寶，也可試試攜槍帶彈。

但留意，不遠處另一店家的門外，保安手持著更強勁的打靶步槍。

這男人正塑造香港另一大誘惑：
精緻雕刻而成的象牙佛像、棋盤、神像、青龍、寶塔或筷子。[31]

SITLANI SILK STORE

Asia Photo SUPPLY LTD

WANG TAILOR

JADE TRADERS

STOM TAILOR

SINCERE EMBROIDERY CO

Cheung Kee Bank

ROYAL INDIA SILK

Tailors

對購物者來說，「香港」就
等同「誘惑」兩字。

不管是本地貨還是「來佬貨」，在這裡你可以買到任何商品。香港是自由港，物價低，在這裡買入口貨，要比在原產國購買到的還要便宜。絲綢錦緞、羊毛，當然少不了24小時內裁縫製成的西裝，還有刺繡、照相機、望遠鏡、各種電子產品、手錶、鱷魚皮鞋、手袋、皮草、汽車、船艇、阿拉伯駱駝鞍——琳瑯滿目，貪婪的購物狂希望擁有的一切，這裡都應有盡有。

簡單概括：

這裡你可能會令你破產，但也可能為你省下不少錢。

這就是 **香港**。旅遊書上稱她為「東方之珠」；中文所謂「香港」，字面之意，即「芬芳之海港」。她那深刻之美態與風貌，她那人文風景之神韻，超脫語言，已非筆墨所能形容。

心存目識，念念不忘。

註釋

1. 香港自1841年1月26日起至1997年6月30日止是英國的殖民地，除去日佔時期，英國共統治香港近152年10個月。由於中方於戰事落敗，先後將香港島及九龍半島（界限街以南）土地割讓予英國，並租借新界土地，為期99年。隨著中英雙方簽訂《中英聯合聲明》，香港於1997年7月1日主權移交中國。

2. 1972年香港海底隧道通車，以及1979年地鐵啟用，先後改變市民依賴天星小輪渡海的習慣，乘客量開始遞減。2018年，天星小輪每日平均乘客人次總數為53,858人。

3. 來往中環及尖沙咀的天星小輪頭等收費原為港幣$0.2，二等收費為$0.1。1965年10月，天星小輪申請加價，頭等收費增加5仙，二等收費則維持不變。由於當時的5仙已能購買一個基本早餐，市民紛紛上街抗議，後來更觸發大規模暴動。港英政府實施宵禁並出動軍警鎮壓，最後造成1人死亡，18人受傷，1465人被捕。現時，除公眾假期外，星期一至五來往中環及尖沙咀渡輪服務的成人下層船艙票價為港幣$2.2，上層則為$2.7。

4. 據香港海事處資料，2019年度抵港船次為161,252次。

5. 現時大部分住屋窗外的晾衫竹竿已經改裝為金屬製晾衫架。

6. 市政局自1970年代初起，已沒有再簽發新的小販牌照。時至今日，已不會再在香港街頭見到用扁擔挑的小販或勞工。

7. 啟德國際機場於1925年啟用，1998年新的國際機場在赤鱲角建好，啟德機場亦完成任務隨之關閉。2007年以後，舊啟德機場的用地大幅度改變了用途，變成了一系列的公共屋邨、私人屋苑、學校等，基本上已面目全非。

8. 1968年政府宣布停發人力車牌照，人力車正式被淘汰。今天在山頂、中環天星碼頭和尖沙咀還可見到人力車的蹤影，但只供遊人拍照或試坐而已。

9. 據香港統計處資料，香港於2018年共有53,700名嬰兒出生。

10. 舊制下的軍裝部員佐級人員，在肩膊佩帶刻有警員編號的紅色底板小肩章，俗稱「紅膊頭」，以表示這名軍裝人員具有基本的英語會話和寫作能力。1990年代中期，隨著中學會考英文科合格成為警員投考資格，「紅膊頭」制度便取消了。

11. 據香港統計處資料，截至2019年年中，人口總共有7,507,400人，其中華人佔人口比例約92%。

12. 當時發行的中文日報有20多份，例如：《大公報》、《工商日報》、《天天日報》、《文匯報》、《田豐日報》、《成報》、《快報》、《明報》、《星島日報》、《星報》、《紅綠日報》、《香港時報》、《香港商報》、《真欄日報》、《晶報》、《華僑日報》、《超然報》、《新報》、《銀燈日報》等；晚報則有《工商晚報》、《世界夜報》、《南中報》、《星島晚報》、《香港夜報》、《真報》、《華僑晚報》、《新生晚報》、《新晚報》、《新聞夜報》等。當時僅有的3份英文日報則是 The Standard（《英文虎報》）、The China Mail（《德臣西報》）、South China Morning Post（《南華早報》）。

13. 1954年年底，政府於石硤尾大火災場原址興建首批共8幢6層高的徙置大廈，讓火災災民以月租港幣$14租住。1957年，石硤尾繼續興建7層徙置大廈，同時，竹園、老虎岩（樂富）的徙置大廈亦告落成。當局亦著手在大環山、黃大仙及牛頭角闢建徙置區。徙置區每一單位的月租為港幣$45。而在1960年代，深水埗及黃大仙區興建的6、7至8層的徙置大廈，容納人口接近500,000。

14. 英聯邦主要由英國及前殖民地組成，目前有54個成員國。香港曾作為英國直轄殖民地及英國屬土參與英聯邦事務，1997年主權移交中國以後，香港正式脫離英聯邦。

15. 據香港漁農自然護理署資料，香港2019年約有5,030艘漁船。

16. 為人所熟知的太白海鮮舫位於香港仔避風塘，但在60、70年代，青山灣亦有一艘太白海鮮舫，後因發展屯門青山灣填海而停業，該位置成為了今天的三聖停車場。

17. 隨著規管船隻的規例生效以後，除了已領牌的住家船隻外，在香港水域內已不再准許任何人在船上居住，現時香港已幾乎沒有水上人，水上學校、商店和診所亦不復存在。

18. 即太白海鮮舫和珍寶海鮮舫。太白海鮮舫於1971年發生大火，期後被珍寶海鮮舫收購，並合稱為「珍寶王國」。2020年3月，珍寶王國宣布停業。

19. 據2016年的資料，基督教在香港的歷史可追溯至1841年，現有信徒約480,000。

20. 現時香港已甚少人會祭拜灶君，家裡也不會擺放灶君神像。

21. 迪士尼樂園在2005年終落戶香港大嶼山的欣澳。

22. 這兩棟建築物中，萬金油花園於2004年拆卸，改建成住宅大樓；只有虎豹別墅建築群因是一級歷史建築，得以保留，2011年起活化成「虎豹樂圃」音樂學院。

23. 1905年9月，立法局通過港督彌敦（Matthew Nathan）的建議，修築九廣鐵路的英段。九廣鐵路以政府部門的模式運作，直到1982年制定《九廣鐵路公司條例》，才改由九廣鐵路公司負責經營。

24. 羅湖橋位於深圳河之上，是連接香港和中國內地唯一一座鐵路橋，也是兩地複線的鐵路通道。羅湖鐵路橋前身是一條行人木橋，建於清朝末年。

25. 據香港入境事務處的數字，2018年經羅湖管制站出入境的旅客超過85,100,000人次。

26. 今天的落馬洲變成了香港與中國往來的一道邊境關卡。

27. 據香港漁農自然護理署資料，2018年香港用作生產蔬菜、花卉、雜糧及果樹的耕地合共約735公頃，本地生產蔬菜只佔全港所需約1.8%。

28. 今天新界村落已甚少有客家婦女戴涼帽。

29. 嘉道理家族與數名華人企業家合資成立「太平地氈」，1960年於大埔吐露港岸邊興建地氈廠。廠房可容納500名員工，曾經是區內最高建築物，香港旅遊協會同年將地氈廠列為新界旅遊景點。太平地氈廠生產的地氈出口至歐美各地，殖民地政府甚至訂購送贈予英國皇室成員。地氈廠於1970年代末遷出，改建成太平工業中心，其對出海灣經歷大規模填海，現已發展成大埔新市鎮。

30. 隨著教育、電話及互聯網的普及，要找人代筆的人少之又少，故他們現時的主要工作，便是為客人報稅及填寫申請護照等表格。在油麻地玉器市場內，仍有不足10檔寫信佬攤檔。

31. 2018年，香港立法會正式通過禁止象牙貿易的法案，並預計於2021年前全面禁止象牙貿易。